AF357018

CATALOGUE GÉNÉRAL

DE

L'EXPOSITION UNIVERSELLE

de 1867.

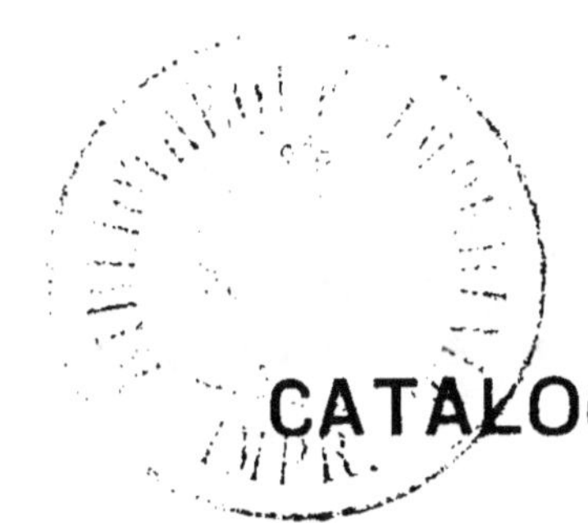

CATALOGUE GÉNÉRAL

DE

L'EXPOSITION UNIVERSELLE

de 1867.

LE PALAIS DE L'EXPOSITION.

Le Palais de l'Exposition universelle de 1867 s'élève au milieu du Champ de Mars, sur un espace de 15 hectares de terrain, environ.

Il ne possède qu'un rez-de-chaussée, offrant extérieurement l'aspect d'un immense cirque monumental. Sa plus grande largeur, comprise entre le quai d'Orsay et l'École militaire, mesure 490 mètres ; sa plus petite, comprise entre les avenues de la Bourdonnaye et de Suffren, est de 380 mètres.

Sa façade principale est tournée vers les anciennes hauteurs du Trocadéro, en face du pont d'Iéna.

Un Parc, égayé par de magnifiques verdures et de splendides parterres, entoure le monument, dont le pourtour comporte un développement total de près de 1,500 mètres.

Le contour extérieur du Palais se compose de deux côtés en ligne droite, de chacun 110 mètres de long, dont l'une fait face au quartier du Gros-Caillou, et l'autre au quartier de Grenelle, et réunies par deux demi-circonférences, regardant d'un bout le pont d'Iéna, de l'autre l'École militaire.

Quatre portes correspondent aux extrémités du grand axe et du petit axe du Palais, et donnent accès à deux grandes voies rayonnantes principales, qui vont se croiser au centre même du monument.

La porte principale ou d'honneur fait face au pont d'Iéna. Elle ouvre sur un vestibule de 25 mètres de largeur, lequel se prolonge en se rétrécissant jusqu'au jardin central.

Les voies rayonnantes et toutes les galeries circulaires ont 5 mètres de largeur. Chaque galerie est affectée à un groupe spécial de l'exposition des produits. De son côté, chaque groupe est subdivisé en classes qui doivent être installées à droite et à gauche de la galerie. Une inscription en indiquera le numéro d'ordre. Enfin chaque exposant lui-même aura dans sa classe un numéro distinct. L'erreur pour le visiteur devient donc impossible, et l'étranger ne pourra s'égarer dans cette multitude de rues; le Catalogue à la main, il lui deviendra facile de trouver non-seulement la classe, mais encore la vitrine qu'il cherchera.

Dans la seconde édition du Catalogue, que nous publierons incessamment, nous donnerons le plan général du Palais, d'où l'on verra d'un coup d'œil toutes les divisions et subdivisions de l'Exposition.

CLASSIFICATION DES PRODUITS.

La Commission impériale de l'Exposition a renfermé tous les produits matériels dans les 10 groupes suivants, subdivisés en 95 classes.

GROUPES.		CLASSES.
1	Œuvres d'art	5
2	Matériel et application des arts libéraux	8
3	Meubles et autres objets destinés à l'habitation	13
4	Vêtements et autres objets portés par la personne	13
5	Produits (bruts et ouvrés) des industries extractives	7
6	Instruments et procédés des arts usuels	20
7	Aliments (frais ou conservés)	7
8	Produits vivants. — Agriculture	9
9	— — Horticulture	6
10	Objets spécialement exposés en vue d'améliorer les conditions physiques et morales des populations	7

NOTA. — Les produits et les instruments spéciaux à l'agriculture, les industries et appareils, les animaux vivants, les plantes, etc., qui occupent un espace très-considérable, seront placés au delà de l'enceinte, dans le Parc. (Le Parc qui entoure le Palais n'a pas moins de 35 hectares de superficie.)

Il est à remarquer qu'à l'extérieur comme à l'intérieur du Palais, chaque pays a son exposition bien distincte. Aux galeries rayonnantes du monument correspondent des allées qui en sont comme le prolongement et séparent, dans le parc, les produits de chaque nationalité.

Sur le plan du Palais que nous annexerons à la seconde édition du Catalogue général, nous indiquerons l'espace affecté aux produits de chaque pays.

LISTE

des Membres de la Commission impériale
de l'Exposition de 1867.

CLASSIFICATION DE LA COMMISSION IMPÉRIALE

SUBDIVISION DES GROUPES. — CLASSES.

1er GROUPE. — Œuvres d'art.

CLASSE 1. — PEINTURES A L'HUILE. (Palais, Galerie I.)

Peintures sur toiles, sur panneaux, sur enduits divers.

CLASSE 2. — PEINTURES DIVERSES ET DESSINS. (Palais, Galerie I.)

Miniatures, aquarelles; pastels et dessins de tout genre ; peintures sur émail, sur faïence et sur porcelaine; cartons de vitraux et de fresques.

CLASSE 3. — SCULPTURES ET GRAVURES SUR MÉDAILLES. (Palais, Galerie I.)

Sculptures en ronde-bosse. Bas-reliefs. Sculptures repoussées et ciselées.
Médailles, camées, pierres gravées. Nielles.

CLASSE 4. — DESSINS ET MODÈLES D'ARCHITECTURE. (Palais, Galerie I.)

Études et fragments. Représentations et projets d'édifices. Restaurations d'après des ruines ou des documents.

CLASSE 5. — GRAVURES ET LITHOGRAPHIES. (Palais, Galerie I.)

Gravures en noir. Gravures polychromes.

Lithographies en noir, au crayon et au pinceau. Chromolithographies.

2e GROUPE. — Matériel et application des arts libéraux.

CLASSE 6. — Produits d'imprimerie et de librairie. (Palais, Galerie II.)

Spécimens de typographie ; épreuves autographiques ; épreuves de lithographie, en noir ou en couleur; épreuves de gravures.

Livres nouveaux et éditions nouvelles de livres déjà connus; collections d'ouvrages formant des bibliothèques spéciales ; publications périodiques. Dessins, atlas et albums publiés dans un but technique ou pédagogique.

CLASSE 7. — Objets de papeterie ; reliures; matériel des arts de la peinture et du dessin. (Palais, Galerie II.)

Papiers; cartes et cartons ; encres ; craies, crayons, pastels ; fournitures de bureau ; articles de bureau : encriers, pèse-lettres, etc. Presses à copier.

Objets confectionnés en papier : abat-jour, lanternes, cache-pots, etc.

Registres, cahiers, albums et carnets. Reliures, Reliures mobiles, étuis.

Produits divers pour lavis et aquarels ; couleurs en pains, en pastilles, en vessies, en tubes, en écailles. Instruments et appareils à l'usage des peintres, dessinateurs, graveurs et modeleurs.

CLASSE 8. — Application du dessin et de la plastique aux arts usuels. (Palais, Galerie II.)

Dessins industriels. Dessins obtenus, reproduits ou réduits par procédés mécaniques. Peintures de décors. Lithographies ou gravures industrielles. Modèles et maquettes pour figures, ornements, etc.

Objets sculptés. Camées, cachets et objets divers décorés par la gravure. Objets de plastique industrielle obtenus par

des procédés mécaniques : réductions, photosculpture, etc.
Objets moulés.

CLASSE 9. — ÉPREUVES ET APPAREILS DE PHOGRAPHIE.
(Palais, Galerie II.)

Photographies sur papier, sur verre, sur bois, sur étoffe, sur émail. Gravures héliographiques. Épreuves lithophotographiques. Clichés photographiques. Épreuves stéréoscopiques et stéréoscopes. Épreuves obtenues par amplification.

Instruments, appareils et matières premières de la photographie. Matériel des ateliers de photographes.

CLASSE 10. — INSTRUMENTS DE MUSIQUE. (Palais, Galerie II.)

Instruments à vent non métalliques : à embouchure simple, à bec de sifflet, à anches avec ou sans réservoir d'air. Instruments à vent métalliques : simples, à rallonges, à coulisses, à pistons, à clefs, à anches. Instruments à vent à clavier : orgues, accordéons, etc. Instruments à cordes, pincées ou à archet, sans clavier. Instruments à cordes, à clavier : pianos, etc. Instruments à percussion ou à frottement. Instruments automatiques : orgues de Barbarie, serinettes, etc. Pièces détachées et objets du matériel des orchestres.

CLASSE 11. — APPAREILS ET INSTRUMENTS DE L'ART MÉDICAL.
(Palais, Galerie II.)

Appareils et instruments de pansement et de petite chirurgie. Instruments d'exploration médicale. Appareils et instruments de chirurgie.

Trousses et caisses d'instruments et de médicaments spécialement destinées aux chirurgien de l'armée et de la marine, aux vétérinaires, aux dentistes, aux oculistes, etc. Appareils de secours aux noyés et aux asphyxiés, etc. Appareils d'électrothérapie. Appareils d'anesthésie locale et générale. Appareils de prothèse plastique et mécanique. Appareils d'orthopédie, bandages herniaires, etc. Appareils divers destinés aux malades, aux infirmes, aux aliénés. Objets accessoires du service médical, chirurgical et pharmaceutique des hôpitaux et infirmeries.

Matériel des recherches anatomiques. Appareils destinés aux recherches de médecine légale.

Matériel spécial de la médecine vétérinaire.

Appareils balnéatoires, hydrothérapiques, etc.

Appareils et instruments destinés à l'éducation physique des enfants ; gymnastique médicale et hygiénique.

Matériel des secours à donner aux blessés sur le champ de bataille, Ambulances civiles et militaires, destinées au service des armées de terre et de mer.

CLASSE 12. — INSTRUMENTS DE PRÉCISION ET MATÉRIEL DE L'ENSEIGNEMENT DES SCIENCES. (Palais, Galerie II.)

Instruments de géométrie pratique : compas, verniers, vis micrométriques, planimètres, machines à calculer, etc. Appareils et instruments d'arpentage, de topographie, de géodésie et d'astronomie. Matériel des divers observatoires.

Appareils et instruments des arts de précision. Mesures et poids des divers pays. Monnaies et médailles.

Balances de précision. Appareils et instruments de physique et de météorologie. Instruments d'optique usuels.

Matériel de l'enseignement des sciences physiques, de la géométrie élémentaire; de la géométrie descriptive, de la stéréotomie, de la mécanique.

Modèles et instruments destinés à l'enseignement technologique en général.

Collections pour l'enseignement des sciences naturelles. Figures et modèles pour l'enseignement des sciences médicales : pièces d'anatomie plastique, etc.

CLASSE 13. — CARTES ET APPAREILS DE GÉOGRAPHIE ET DE COSMOGRAPHIE. (Palais, Galerie II.)

Cartes et atlas topographiques, géographiques, géologiques, hydrographiques, astronomiques, etc. Cartes marines. Cartes physiques de toutes sortes. Plans en relief.

Globes et sphères terrestres et célestes. Appareils pour l'étude de la cosmographie.

Ouvrages et tableaux de statistique. Tables et éphémérides à l'usage des astronomes et des marins.

3ᵉ GROUPE. — Meubles et autres objets destinés à l'habitation (1).

CLASSE 14. — MEUBLES DE LUXE. (Palais, Galerie III.)

Buffets, bibliothèques, tables, toilettes; lits; canapés; siéges; billards, etc.

CLASSE 15. — OUVRAGES DE TAPISSIER ET DE DÉCORATEUR.
(Palais, Galerie III.)

Objets de literie. Siéges garnis, baldaquins, rideaux, tentures d'étoffe et de tapisserie.

Objets de décoration et d'ameublement en pierres et en matières précieuses. Pâtes moulées, et objets de décoration en plâtre, carton-pierre, etc. Cadres. Peintures en décors.

Meubles, ornements et décors pour le service religieux.

CLASSE 16. — CRISTAUX, VERRERIE DE LUXE ET VITRAUX.
(Palais, Galerie III.)

Gobeleterie de cristal, cristaux taillés, cristaux doublés, cristaux montés, etc.

Verres à vitres et à glaces. Verres façonnés, émaillés, craquelés, filigranés, etc.

Verres, cristaux d'optique, objets d'ornement, etc.

Vitraux peints.

CLASSE 17. — PORCELAINES, FAÏENCES ET AUTRES POTERIES DE LUXE. (Palais, Galerie III.)

Biscuits. Porcelaines dures et porcelaines tendres.

Faïences fines à couverte colorée, etc. Biscuits de faïence. Terres cuites. Laves émaillées.

Grès, cérames.

(1) Les objets d'usage courant destinés à l'habitation, et qui se recommandent par les qualités utiles unies au bon marché sont méthodiquement exposés dans la classe 91 (groupe 10).

CLASSE 18. — Tapis, tapisseries et autres tissus d'ameublement. (Palais, Galerie III.)

Tapis, moquettes, tapisseries, épinglés ou veloutés. Tapis de feutre, de drap, de tontisse, de soie ou de bourre de soie. Tapis de sparterie, nattes. Tapis de caoutchouc.

Tissus d'ameublement, de coton, de laine ou de soie, unis ou façonnés. Tissus de crin.

Cuirs végétaux, moleskines, etc. Cuirs de tenture et d'ameublement. Toiles cirées.

CLASSE 19. — Papiers peints. (Palais, Galerie III.)

Papiers imprimés à la planche, au rouleau, à la machine. Papiers veloutés, marbrés, veinés, etc. Papiers pour le cartonnage, la reliure, etc. Papiers à sujets artistiques.

Stores peints ou imprimés.

CLASSE 20. — Coutellerie. (Palais, Galerie III.)

Couteaux, canifs, ciseaux, rasoirs, etc. Produits divers de la coutellerie.

CLASSE 21. — Orfévrerie. (Palais, Galerie III.)

Orfévrerie religieuse, orfévrerie de décoration et de table, orfévrerie pour ustensiles de toilette, de bureau, etc.

CLASSE 22. — Bronzes d'art, fontes d'art diverses et ouvrages en métaux repoussés. (Palais Galerie III.)

Statues et bas-reliefs de bronze, de fonte de fer, de zinc, etc. Bronzes de décoration ou d'ornement.

Imitations de bronzes en fonte, en zinc, etc. Fontes revêtues d'enduits métalliques par galvanoplastie.

Repoussés en cuivre, en plomb, en zinc, etc.

CLASSE 23. — Horlogerie. (Palais, Galerie III.)

Pièces détachées d'horlogerie. Horloges, pendules, montres, chronomètres, régulateurs. Compteurs à secondes, à pointage, etc. Appareils pour la mesure du temps : sabliers, clepsydres. Horloges électriques.

CLASSE 24. — APPAREILS ET PROCÉDÉS DE CHAUFFAGE ET D'ÉCLAIRAGE. (Palais, Galerie III.)

Foyers, cheminées, poêles et calorifères. Objets accessoires du chauffage. Fourneaux. Appareils pour le chauffage au gaz.

Appareils de chauffage par circulation d'eau chaude ou d'air chaud. Appareils de ventilation. Appareils de dessiccation ; étuves.

Lampes d'émailleur, chalumeaux, forges portatives.

Lampes servant à l'éclairage au moyen des huiles animales, végétales ou minérales. Accessoires de l'éclairage. Allumettes.

Appareils et objets accessoires de l'éclairage au gaz.

Lampes photo-électriques. Appareils pour l'éclairage au moyen du magnétisium, etc.

CLASSE 25. — PARFUMERIE. (Palais, Galerie III.)

Cosmétiques et pommades. Huiles parfumées ; essences parfumées, extraits et eaux de senteur, vinaigres aromatisés ; pâtes d'amandes, poudres, pastilles et sachets parfumés. Parfums à brûler. Savons de toilette.

CLASSE 26. — OBJETS DE MAROQUINERIE, DE TABLETTERIE ET DE VANNERIE. (Palais, Galerie III.)

Petits meubles de fantaisie, caves à liqueurs, boîtes à gants, coffrets, etc. Objets de laque.

Boîtes, écrins, nécessaires. Porte-monnaie, portefeuilles, carnets, porte-cigares.

Objets tournés, guillochés, sculptés, gravés, en bois, en ivoire, en écaille, etc. Tabatières, pipes.

Peignes ; objets de brosserie.

Corbeilles et paniers de fantaisie, clissages et objets de sparterie fine.

4ᵉ GROUPE. Vêtements (tissus compris) et autres objets portés par la personne (1).

CLASSE 27. — FILS ET TISSUS DE COTON. (Palais, Galerie IV.)

Cotons préparés et filés.
Tissus de coton pur, unis ou façonnés. Tissus de coton mélangé.
Velours de coton.
Rubannerie de coton.

**CLASSE 28. — FILS ET TISSUS DE LIN, DE CHANVRE, ETC.
(Palais, Galerie IV.)**

Lins, chanvres et autres fibres végétales filées.
Toiles et coutils. Batistes. Tissus de fil avec mélange de coton ou de soie.
Tissus de fibres végétales, équivalents du lin et du chanvre.

**CLASSE 29. — FILS ET TISSUS DE LAINE PEIGNÉE.
(Palais, Galerie IV.)**

Laines peignées; fils de laine peignée.
Mousselines, cachemires d'Écosse, mérinos, serges, etc.
Rubans et galons de laine mélangée de coton ou de fil, de soie ou de bourre de soie. Tissus de poils purs ou mélangés.

**CLASSE 30. — FILS ET TISSUS DE LAINE CARDÉE.
(Palais, Galerie IV.)**

Laines cardées : fils de laine cardée.
Draps et autres tissus foulés de laine cardée. Couvertures. Feutres de laine ou poil pour tapis, chapeaux, chaussons.
Tissus de laine cardée non foulés ou légèrement foulés, flanelles, tartans, molletons.

---

(1) Les objets d'usage courant destinés au vêtement, et qui se recommandent par les qualités utiles unies au bon marché, sont méthodiquement exposés dans la classe 91 (groupe 10).

CLASSE 31. — Soies et tissus de soie.
(Palais, Galerie IV.)

Soies gréges et moulinées. Fils de bourre de soie.
Tissus de soie pure, unis, façonnés, brochés. Étoffes de soie mélangée d'or, d'argent, de coton, de laine, de fil. Tissus de bourre de soie, pure ou mélangée.
Velours et peluches.
Rubans de soie pure ou mélangée.

CLASSE 32. — Chales. (Palais, Galerie IV.)

Châles de laine pure ou mélangée. Châles de cachemire. Châles de soie, etc.

CLASSE 33. — Dentelles, tulles, broderies et passemen-
teries. (Palais, Galerie IV.)

Dentelles de fil ou de coton faites au fuseau, à l'aiguille ou à la mécanique. Dentelles de soie, de laine ou de poil de chèvre. Dentelles d'or ou d'argent.
Tulles de soie ou de coton, unis ou brochés.
Broderies au plumetis, au crochet, etc. Broderies d'or, d'argent, de soie. Broderies-tapisseries et autres ouvrages à la main.
Passementeries de soie, bourre de soie, laine, poil de chèvre, crin, fil et coton; lacets. Passementeries en fin et en faux. Passementeries spéciales pour équipement militaire.

CLASSE 34. — Articles de bonneterie et de lingerie;
objets accessoires du vêtement. (Palais, Galerie IV.)

Bonneterie de coton, de fil, de laine ou de cachemire, de soie ou de bourre de soie, purs ou mélangés.
Lingerie confectionnée pour hommes, pour femmes et pour enfants. Layettes.
Confections de flanelle et autres tissus de laine.
Corsets. Cravates. Gants. Guêtres.
Éventails; écrans. Parapluies, ombrelles, cannes, etc.

CLASSE 35. — HABILLEMENTS DES DEUX SEXES.
(Palais, Galerie IV.)

Habits d'homme, habits de femme.
Coiffures d'hommes coiffure de femme.
Perruques et ouvrages en cheveux.
Chaussures.
Confections pour enfants.
Vêtements spéciaux aux diverses professions.

CLASSE 36. — JOAILLERIE ET BIJOUTERIE.
(Palais, Galerie IV.)

Bijoux en métaux précieux (or, platine, argent, aluminium), ciselés, filigranés, ornés de pierres fines, etc. Bijoux en doublé ou en faux. Bijoux en jaïet, ambre, corail, nacre, acier, etc.
Diamants, pierres fines, perles et imitations.

CLASSE 37. — ARMES PORTATIVES. (Palais, Galerie IV.)

Armes défensives : boucliers, cuirasses, casques.
Armes contondantes : massues, casse-tête.
Armes blanches : fleurets, épées, sabres, baïonnettes, lances, haches. Couteaux de chasse.
Armes de jet : arcs, arbalètes, frondes.
Armes à feu : fusils, carabines, pistolets, revolvers.
Objets accessoires d'arquebuserie : poudrières, moules à balles. Projectiles sphériques, oblongs, creux, explosibles.
Capsules, amorces, cartouches.

CLASSE 38. — OBJET DE VOYAGE ET DE CAMPEMENT.
(Palais, Galerie IV.)

Malles, valises, sacoches, etc. Nécessaires et trousses de voyage. Objets divers : couvertures de voyage; coussins ; coiffures, costumes et chaussures de voyage, bâtons ferrés et à grappin, parasols, etc.
Matériel portatif spécialement destiné aux voyages et expéditions scientifiques : appareils de photographie, instruments

pour les observations astronomiques et météorologiques ; nécessaires et bagages du géologue, du minéralogiste, du naturaliste, du colon pionnier, etc.

Tentes et objets de campement. Mobilier des tentes militaires : lits, hamacs, siéges pliants. Cantines : moulins, fours
de campagne, etc.

CLASSE 39. — BIMBELOTERIE. (Palais, Galerie IV.)

Poupées et jouets. Figures de cire et figurines. Jeux destinés aux récréations des enfants ou des adultes.
Jouets instructifs.

5e GROUPE. — Produits (bruts et ouvrés) des industries extractives.

CLASSE 40. — PRODUITS DE L'EXPLOITATION DES MINES ET DE LA MÉTALLURGIE. (Palais, Galerie V.)

Collections et échantillons de roches, minéraux et minerais.
Roches d'ornement : marbres, serpentines, onyx. Roches
dures. Matériaux réfractaires. Terres et argiles.
Produits minéraux divers. Soufre brut. Sel gemme, sel des
sources salées. Bitumes et pétroles.
Échantillons de combustibles crus et carbonisés. Agglo-
mérés de houille.
Métaux bruts : fontes, fers, aciers, fers aciéreux, cuivre,
plomb, argent, zinc, etc. Alliages métalliques.
Produits de l'art du laveur de cendres et de l'affineur de
métaux précieux, du batteur d'or, etc.
Produits de l'électro-métallurgie : objets dorés, argentés,
cuivrés, aciérés, etc., par la galvanoplastie.
Produits de l'élaboration des métaux bruts : fontes moulées ;
cloches ; fers marchands ; fers spéciaux ; tôles et fers-blancs ;
tôles extra pour blindages et constructions. Tôles de cuivre,
de plomb, de zinc.
Métaux ouvrés : pièces de forge et de grosse serrurerie ;
roues et bandages, tubes sans soudure ; chaînes, etc.
Produits de la tréfilerie. Aiguilles, épingles ; treillages,
tissus métalliques. Tôles perforées.

Produits de la quincaillerie, de la taillanderie, de la ferron-
nerie, de la chaudronnerie, de la tôlerie et de la ferblanterie.
Métaux ouvrés divers.

CLASSE 41. — PRODUITS DES EXPLOITATIONS ET DES INDUSTRIES FORESTIÈRES. (Palais, Galerie V.)

Échantillons d'essences forestières. Bois d'œuvre, de chauffage et de construction. Bois ouvrés pour la marine ; mer-
rains, bois de fente. Liéges ; écorces textiles. Matières tannantes, colorantes, odorantes, résineuses, etc.

Produits des industries forestières : bois torréfiés et char-
bons ; potasses brutes ; objets de boissellerie, de vannerie, de
sparterie ; sabots, etc.

CLASSE 42. — PRODUITS DE LA CHASSE, DE LA PÊCHE ET DES CUEILLETTES. (Palais, Galerie V.)

Collections et dessins d'animaux terrestres et amphibies,
d'oiseaux, d'œufs, de poissons, de cétacés, de mollusques et
de crustacés.

Produits de la chasse : fourrures et pelleteries, poils, crins,
plumes, duvets ; cornes, dents, ivoire, os ; écaille, musc,
castoréum et produits analogues.

Produits de la pêche, huile de baleine, spermaceti, etc. ;
fanons de baleine ; ambre gris ; coquilles de mollusques,
perles, nacres, sépia, pourpre ; coraux, éponges.

Produits de cueillettes ou récoltes obtenues sans culture :
champignons, truffes, fruits sauvages, lichens employés pour
teintures, aliments et fourrages ; séves fermentées ; quinqui-
nas ; écorces et filaments utiles, cires, gommes-résines ;
caoutchouc brut, gutta-percha, etc.

CLASSE 43. — PRODUITS AGRICOLES (NON ALIMENTAIRES) DE FACILE CONSERVATION. (Palais, Galerie V.)

Matières textiles : cotons bruts, lins et chanvres tillés et
non tillés, fibres végétales textiles de toute nature ; laines en
suint ; cocons de vers à soie.

Produits agricoles divers, employés dans l'industrie, dans
la pharmacie et dans l'économie domestique : plantes oléa-
gineuses, huiles, cires, résines.

Tabacs. Amadous. Matières tannantes. Substances tinctoriales.

Fourrages conservés.

CLASSE 44. — Produits chimiques et pharmaceutiques.
(Palais, Galerie V.)

Acides, alcalis. Sels de toutes sortes. Sel marin et produits de l'exploitation des eaux mères.

Produits divers des industries chimiques : cires et corps gras, savons et bougies ; matières premières de la parfumerie ; résines, goudrons et corps dérivés ; essences et vernis ; enduits divers, cirages. Produits de l'industrie du caoutchouc et de la gutta-percha ; matières tinctoriales et couleurs.

Eaux minérales et eaux gazeuses, naturelles ou artificielles. Matières premières de la pharmacie. Médicaments simples et composés.

CLASSE 45.—Spécimens des procédés chimiques de blanchiment, de teinture, d'impression et d'apprêts. (Palais, Galerie V.)

Échantillons de fils et tissus teints. Échantillons de préparations pour la teinture.

Toiles imprimées ou teintes. Tissus de coton, pur ou mélangé, imprimés. Tissus de laine, pure ou mélangée, peignée ou cardée, imprimés. Tissus de soie, pure ou mélangée, imprimés.

Tapis de feutre ou de drap imprimés. Toiles cirées.

Nota. On n'exposera dans cette classe que les spécimens strictement nécessaires pour faire apprécier la valeur des procédés,

CLASSE 46. — Cuirs et peaux. (Palais, Galerie V.)

Matières premières employées dans la préparation des peaux et des cuirs.

Peaux vertes, peaux salées. Cuirs tannés, corroyés, apprêtés ou teints. Cuirs vernis. Maroquins et basanes. Peaux hongroyées, chamoisées, mégissées, apprêtées ou teintes. Peaux préparées pour la ganterie. Pelleteries et fourrures apprêtées et teintes. Parchemins.

Articles de boyauderie : cordes pour instruments de musique, baudruches, nerfs de bœuf, etc.

6ᵉ GROUPE. — Instruments et procédés des arts usuels.

CLASSE 47. — Matériel et procédés de l'exploitation des mines et de la métallurgie. (Palais, Galerie VI ; Parc.)

Matériel des sondages pour recherches, pour puits artésiens et pour puits à grande section. Machines à forer les trous de mine, à abattre la houille et à débiter les roches. Appareils pour le tirage électrique des mines.

Modèles, plans et vues de travaux d'exploitation de mines et de carrières. Travaux de captage des eaux minérales. Échelles de mine mues par des machines. Matériel de l'extraction. Machines d'épuisement, pompes. Appareils d'aérage ; ventilateurs. Lampes de sûreté, lampes photo-électriques. Appareils de sauvetage, parachutes, signaux.

Appareils de préparation mécanique des minerais et des combustibles minéraux. Appareils à agglomérer les combustibles.

Appareils pour la carbonisation des combustibles. Foyers et fourneaux métallurgiques ; appareils fumivores. Matériel des usines métallurgiques. Matériel spécial des forges et fonderies.

Appareils d'électro-métallurgie.

Matériel des ateliers d'élaboration des métaux sous toutes les formes.

CLASSE 48. — Matériel et procédés des exploitations rurales et forestières. (Palais, Galerie VI.)

Plans de culture, assolements et aménagements agricoles. Matériel et travaux du génie agricole : dessèchements, drainages, irrigations. Plans et modèles de bâtiments ruraux.

Outils, instruments, machines et appareils servant au labourage et autres façons données à la terre, à l'ensemencement et aux plantations, à la récolte, à la préparation et à la conservation des produits de la culture. Matériel des charrois et des transports ruraux. Machines locomobiles et manéges.

Matières fertilisantes d'origine organique ou minérale.

Appareils pour l'étude physique et chimique des sols.

Plans de systèmes de reboisement, d'aménagement, de culture des forêts.

Matériel des exploitations et des industries forestières.

CLASSE 49. — ENGINS ET INSTRUMENTS DE LA CHASSE, DE LA PÊCHE ET DES CUEILLETTES. (Palais, Galerie VI ; Parc.)

Armes, piéges, engins et équipements de chasse.

Lignes et hameçons. Harpons. Filets. Appareils et appâts de pêche.

Appareils et instruments pour la récolte des produits obtenus sans culture.

CLASSE 50. — MATÉRIEL ET PROCÉDÉS DES USINES AGRICOLES ET DES INDUSTRIES ALIMENTAIRES. (Palais, Galerie VI.)

Matériel des usines agricoles : fabriques d'engrais artificiels. de tuyaux de drainage ; fromageries et laiteries ; minoteries, féculeries, amidonneries ; huileries ; brasseries, distilleries ; sucreries, raffineries ; ateliers pour la préparation des matières textiles ; magnaneries, etc.

Matériel de la fabrication des produits alimentaires : pétrisseurs et fours mécaniques pour boulangers, ustensiles de pâtisserie et de confiserie. Appareils pour la fabrication des pâtes alimentaires. Machines à faire le biscuit de mer. Machines à préparer le chocolat. Appareils pour la torréfaction du café. Préparation des glaces et des sorbets ; fabrication de la glace.

CLASSE 51. — MATÉRIEL DES ARTS CHIMIQUES, DE LA PHARMACIE, DE LA TANNERIE. (Palais, Galerie VI ; Parc.)

Ustensiles et appareils de laboratoire. Appareils et instruments destinés aux essais industriels et commerciaux.

Matériel et appareils des fabriques de produits chimiques, de savons, de bougies.

Matériel et procédés de la fabrication des essences, des vernis, des objets en caoutchouc et en gutta-percha.

Matériel et appareils des usines à gaz.

Matériel et procédés des blanchisseries.

Matériel de la préparation des produits pharmaceutiques.

Matériel des ateliers de tannerie et de mégisserie.

Matériel et procédés des verreries et des fabriques de produits céramiques.

CLASSE 52. — MOTEURS, GÉNÉRATEURS ET APPAREILS MÉCANIQUES SPÉCIALEMENT ADAPTÉS AUX BESOINS DE L'EXPOSITION. (Palais, Galerie VI ; Parc.)

Chaudières et générateurs de vapeur avec leurs appareils de sûreté. Conduites de vapeur et appareils accessoires.

Arbres de couche. Poulies de renvoi, courroies. Organes de mise en marche, d'arrêt, d'embrayage et de débrayage.

Moteurs employés pour fournir l'eau et la force motrice nécessaires dans les diverses parties du Palais et du Parc.

Grues et appareils de toutes sortes proposés pour la manutention des colis.

Rails et plaques tournantes proposés pour la manutention des colis, des fourrages, des fumiers, et pour les autres services du Palais et du Parc.

CLASSE 53. — MACHINES ET APPAREILS DE LA MÉCANIQUE GÉNÉRALE. (Palais, Galerie VI.)

Pièces de mécanisme détachées : supports, galets, glissières, excentriques, engrenages, bielles, parallélogrammes et joints, courroies, systèmes funiculaires, etc. Embrayages, déclics, etc. Régulateurs et modérateurs de mouvement. Appareils de graissage.

Compteurs et enregistreurs. Dynamomètres, manomètres appareils de pesage. Appareils de jaugeage des liquides et des gaz.

Machines servant à la manœuvre des fardeaux.

Machines hydrauliques élévatoires : norias, pompes, tym-

pans, béliers hydrauliques, etc. Récepteurs hydrauliques :
roues, turbines, machines à colonne d'eau.

Machines motrices à vapeur. Chaudières, générateurs de
vapeur et appareils accessoires. Appareils de condensation des
vapeurs. Machines à vapeur d'éther, de chloroforme, d'am-
moniaque ; à vapeurs combinées.

Machines à gaz, à air chaud, à air comprimé. Moteurs
électro-magnétiques. Moulins à vent et panémones. Aérostats.

CLASSE 54. — Machines-outils. (Palais, Galerie VI.)

Machines-outils servant au travail préparatoire des bois.
Tours et machines à aléser et à raboter. Machines à mortaiser,
à percer, à découper. Machines à tarauder, à fileter, à river.
Outils divers des ateliers de constructions mécaniques.

Outils, machines et appareils servant à presser, à broyer,
à malaxer, à scier, à polir, etc. Machines-outils spéciales à
diverses industries.

CLASSE 55. — Matériel et procédés du filage et de la corderie. (Palais, Galerie VI.)

Matériel du filage à la main. Pièces détachées appartenant
au matériel des filatures. Machines et appareils servant à la
préparation et à la filature des matières textiles. Appareils et
procédés destinés aux opérations complémentaires : étirage,
dévidage, retordage, moulinage, apprêts mécaniques. Appareils pour le conditionnement et le tirage des fils.

Matériel des ateliers de corderie. Câbles ronds, plats, di-
minués, cordes et ficelles, câbles en fils métalliques. câbles à
âme métallique, mèches à feu, étoupilles, etc.

CLASSE 56. — Matériel et procédés du tissage. (Palais, Galerie VI.)

Appareils destinés aux opérations préparatoires du tissage :
machines à ourdir, à bobiner. Lisages.

Métiers ordinaires et mécaniques pour la fabrication des
tissus unis. Métiers pour la fabrication des étoffes façonnées
et brochées, battants brocheurs, métiers électriques. Métiers
à fabriquer les tapis et tapisseries.

Métiers à mailles pour la fabrication de la bonneterie et des tulles. Matériel de la fabrication de la dentelle. Matériel des fabriques de passementerie.

Métiers de haute lisse et procédés d'espoulinage.

Appareils accessoires : machines à fouler, calandrer, gaufrer, moirer, métrer, plier, etc.

CLASSE 57. — MATÉRIEL ET PROCÉDÉS DE LA COUTURE ET DE LA CONFECTION DES VÊTEMENTS. (Palais, Galerie VI.)

Outils ordinaires des ateliers de couture et de confection. Machines à coudre, à piquer, à ourler, à broder.

Scies à découper les étoffes et les cuirs pour la confection des vêtements et chaussures. Machines à faire, à clouer et à visser les chaussures.

CLASSE 58.— MATÉRIEL ET PROCÉDÉS DE LA CONFECTION DES OBJETS DE MOBILIER ET D'HABITATION. (Palais, Galerie VI.)

Machines à débiter les bois de placage. Scies à découper, à chantourner, etc. Machines à faire les moulures, les baguettes de cadre, les feuilles de parquet, les meubles, etc. Tours et appareils divers des ateliers de menuiserie et d'ébénisterie.

Machines à estamper et à emboutir. Machines et appareils pour le travail du stuc, du carton-pâte, de l'ivoire, de l'os, de la corne.

Machines à mettre au point, à sculpter, à réduire les statues, à graver, à guillocher, etc.

Machines à scier et polir les pierres dures, les marbres, etc.

CLASSE 59. — MATÉRIEL ET PROCÉDÉS DE LA PAPETERIE, DES TEINTURES ET DES IMPRESSIONS. (Palais, Galerie VI.)

Matériel de l'impression des papiers peints et des tissus. Machines à graver les rouleaux d'impression.

Matériel du blanchiment, de la teinture et de l'apprêt des papiers et des tissus.

Matériel de la fabrication du papier à la cuve et à la machine. Appareils pour gaufrer, régler, glacer, moirer le papier. Machines à découper, rogner, timbrer les papiers, etc.

Matériel, appareils et produits des fonderies en caractères: clichés, etc. Machines et appareils employés dans la typographie, la stéréotypie, l'impression en taille-douce, l'autographie, la lithographie, la chalcographie, la paniconographie, la chromolithographie, etc. Impression des timbres-poste. Machines à composer et à trier les caractères.

CLASSE 60. — MACHINES, INSTRUMENTS ET PROCÉDÉS USITÉS DANS DIVERS TRAVAUX. (Palais, Galerie VI.)

Presses monétaires.

Machines servant à la fabrication des boutons, des plumes, des épingles, des enveloppes de lettres, à empaqueter, à confectionner les brosses, les cardes, à fabriquer les capsules, à plomber les marchandises, à boucher les bouteilles, etc.

Outillages et procédés de la fabrication des objets d'horlogerie, de bimbeloterie, de marqueterie, de vannerie, etc.

CLASSE 61. — CARROSSERIE ET CHARRONNAGE. (Palais, Galerie VI.)

Pièces détachées de charronnage et de carrosserie : roues, bandages, essieux, boîtes de roues, ferrures, etc. Ressorts et systèmes divers de suspension. Systèmes d'attelage. Freins.

Produits du charronnage : chariots, tombereaux, camions, véhicules à destination spéciale.

Produits de la carrosserie : voitures publiques, voitures d'apparat, voitures particulières, chaises à porteurs, litières, traîneaux, etc.; vélocipèdes.

CLASSE 62. — BOURRELLERIE ET SELLERIE. (Palais, Galerie VI.)

Articles de harnachement et d'éperonnerie : bâts, selles, cacolets, brides et harnais pour montures, pour bêtes de somme et de trait ; étriers, éperons, fouets et cravaches.

CLASSE 63. — MATÉRIEL DES CHEMINS DE FER. (Palais. Galerie VI.)

Pièces détachées : ressorts, tampons, freins, etc.
Matériel fixe : rails, coussinets, éclisses, changements de

voie, aiguilles, plaques tournantes; tampons de choc; grues d'alimentation et réservoirs; signaux optiques et acoustiques.

Matériel roulant : wagons à terrassement, à marchandises, à bestiaux, à voyageurs; locomotives, tenders.

Machines spéciales et outillage des ateliers d'entretien, de réparation et de construction du matériel.

Matériel et machines pour plans inclinés et plans automoteurs; matériel et machines pour chemins de fer atmosphériques; modèles de machines, de systèmes de traction, d'appareils relatifs aux voies ferrées.

Modèles, plans et dessins de gares, de stations, de remises et de dépendances de l'exploitation des chemins de fer.

CLASSE 64. — MATÉRIEL ET PROCÉDÉS DE LA TÉLÉGRAPHIE.
(Palais, Galerie VI.)

Appareils de la télégraphie fondés sur la transmission de la lumière, du son, etc.

Matériel de la télégraphie électrique : supports, conducteurs, tendeurs, etc.; piles électriques pour la télégraphie; appareils manipulateurs et récepteurs. Sonneries et signaux électriques. Objets accessoires des services télégraphiques : parafoudres, commutateurs, papiers préparés pour télégraphes imprimants et transmissions autographiques. Matériel spécial de la télégraphie sous-marine.

CLASSE 65. — MATÉRIEL ET PROCÉDÉS DU GÉNIE CIVIL, DES TRAVAUX PUBLICS ET DE L'ARCHITECTURE. (Palais, Galerie VI.)

Matériaux de construction : roches, bois, métaux; pierres d'ornement, chaux, mortiers, ciments, pierres artificielles et bétons; tuiles, briques, carreaux, ardoises, cartons et feutres pour couvertures. Matériel et produits des procédés employés pour la conservation des bois. Appareils et instruments pour l'essai des matériaux de construction.

Matériel des travaux de terrassement; excavateurs. Appareils des chantiers de construction. Outillages et procédés de l'appareilleur, du tailleur de pierres, du maçon, du charpentier, du couvreur, du serrurier, du menuisier, du vitrier, du plombier, du peintre en bâtiments, etc.

Serrurerie fine ; serrures, cadenas ; grilles, balcons, rampes d'escalier, etc.

Matériel et engins des travaux de fondations : sonnettes, pilotis, pieux à vis ; pompes, appareils pneumatiques ; dragues, etc. Matériel des travaux hydrauliques, des ports de mer, des canaux, des rivières.

Matériel et appareils servant aux distributions d'eau et de gaz. Matériel de l'entretien des routes, des plantations et des promenades.

Modèles, plans et dessins de travaux publics : ponts, viaducs, aqueducs, égouts, ponts-canaux, etc.; phares ; monuments publics de destination spéciale ; constructions civiles : hôtels et maisons à loyer ; cités ouvrières, etc.

CLASSE 66. — MATÉRIEL DE LA NAVIGATION ET DU SAUVETAGE. (Palais, Galerie VI; Parc.)

Dessins et modèles de cales, bassins de radoub, docks flottants, etc.

Dessins et modèles des bâtiments de tout genre usités pour la navigation fluviale et maritime. Types et modèles des systèmes de construction adoptés dans la marine. Appareils employés dans la navigation.

Canots et embarcations.

Matériel du gréement des navires. Pavillons et signaux.

Bouées, balises, etc.

Matériel et exercices de natation, de plongeage et de sauvetage ; flotteurs, ceintures de natation, etc. Cloches à plongeur ; nautilus, scaphandres, etc. Bateaux sous-marins. Matériel du sauvetage maritime, porte-amarres, bateaux dits life-boats, etc.

7e GROUPE. — Aliments (frais ou conservés) à divers degrés de préparation.

CLASSE 67. — CÉRÉALES ET AUTRES PRODUITS FARINEUX COMESTIBLES, AVEC LEURS DÉRIVÉS. (Palais, Galerie VII.)

Froments, seigle, orge, riz, maïs, millet et autres céréales en grains et en farines.

Grains mondés et gruaux.

Fécules de pommes de terre, de riz, de lentilles, etc. Gluten. Tapioka, sagou, arow-root, cassave et autres fécules. Produits farineux, mixtes, etc.

Pâtes dites d'Italie, semoules, vermicelles, macaronis.

Préparations alimentaires propres à remplacer le pain : nouilles, bouillies, pâtes de fabrication domestique, etc.

CLASSE 67. — Produits de la boulangerie et de la patisserie. (Palais, Galerie VII.)

Pains divers, avec ou sans levain. Pains de fantaisie et pains façonnés. Pains comprimés pour voyages, campagnes militaires, etc. Biscuits de mer.

Produits divers de pâtisserie propres à chaque nation. Pains d'épice et gâteaux secs susceptibles de se conserver.

CLASSE 69.—Corps gras alimentaires; laitages et oeufs. (Palais, Galerie VII.)

Graisses et huiles comestibles.
Laits frais et conservés. Beurres frais et salés. Fromages. Œufs de toutes sortes.

CLASSE 70. — Viandes et poissons. (Palais, Galerie VII.)

Viandes fraîches et salées de toute nature. Viandes conservées par divers procédés. Tablettes de viande et de bouillon. Jambons et préparations de viandes.

Volailles et gibiers.

Poissons frais. Poissons salés, encaqués : morues, harengs, etc. Poissons conservés dans l'huile : sardines, thon mariné, etc.

Crustacés et coquillages : homards, crevettes, huîtres ; conserves d'huîtres, d'anchois, etc.

CLASSE 71. — Légumes et fruits. (Palais, Galerie VII.)

Tubercules : pommes de terre, etc. Légumes farineux secs, haricots, lentilles, etc. Légumes verts à cuire : choux, etc. Légumes racines : carottes, navets, etc. Légumes épices :

oignons, ail, etc. Salades. Cucurbitacées : citrouilles, melons, etc. Légumes conservés par le sel, par le vinaigre, par la fermentation acétique : choucroûte, etc. Légumes conservés par divers procédés.

Fruits à l'état frais. Fruits secs et préparés : prunes, figues, raisins, etc. Fruits conservés sans le secours du sucre.

CLASSE 72. — CONDIMENTS ET STIMULANTS; SUCRES ET PRODUITS DE LA CONFISERIE. (Palais, Galerie VII.)

Epices : poivres, canelle, piments, etc. Sel de table. Vinaigres. Condiments et stimulants composés : moutardes, kari, sauces anglaises, etc.

Thés, cafés et boissons aromatiques. Cafés de chicorée et de glands doux.

Chocolats.

Sucres destinés aux usages domestiques. Sucres de raisin, de lait, etc.

Produits divers de la confiserie : dragées, bonbons de sucre, fondants, nougats, angélique, anis, etc. Confitures et gelées. Fruits confits : cédrats, citrons, oranges, ananas. Fruits à l'eau-de-vie. Sirops et liqueurs sucrées.

CLASSE 73. — BOISSONS FERMENTÉES.
(Palais, Galerie VII.)

Vins ordinaires, rouges et blancs. Vins de liqueur et vins cuits. Vins mousseux. Cidres, poirés et autres boissons tirées des fruits.

Bières et autres boissons tirées des céréales. Boissons fermentées tirées des sèves végétales, du lait et des matières sucrées de toute nature.

Eaux-de-vie et alcools. Boissons spiritueuses, genièvre, rhum, tafia, kirsch, etc.

8e GROUPE. — Produits vivants et spécimens d'établissements d'agriculture.

CLASSE 74. — SPÉCIMENS D'EXPLOITATIONS RURALES ET D'USINES AGRICOLES. (Parc.)

Types des bâtiments ruraux des diverses contrées. Matériel

des écuries, étables, chenils, etc. Appareils pour préparer la nourriture des animaux.

Machines agricoles en mouvement : charrues à vapeur, moissonneuses, faucheuses, faneuses, batteuses, etc.

Types d'usines agricoles : distilleries, sucreries, raffineries, brasseries, minoteries, féculeries, amidonneries, magnaneries, etc.

Pressoirs pour le vin, le cidre, l'huile, etc.

CLASSE 75. — CHEVAUX, ANES, MULETS, ETC. (Parc.)

Animaux présentés comme spécimens caractéristiques de l'art de l'éleveur, dans chaque contrée.
Types d'écuries.

CLASSE 76. — BOEUFS, BUFFLES, etc. (Parc.)

Animaux présentés comme spécimens caractéristiques de l'art de l'éleveur, dans chaque contrée.
Types d'étables.

CLASSE 77. — MOUTONS, CHÈVRES, ETC. (Parc.)

Animaux présentés comme spécimens caractéristiques de l'art de l'éleveur, dans chaque contrée.
Types de bergeries, de parcs à moutons et d'établissements analogues.

CLASSE 78. — PORCS, LAPINS, ETC. (Parc.)

Animaux présentés comme spécimens caractéristiques de l'art de l'éleveur, dans chaque contrée.
Types de porcheries et des établissements propres à l'élevage des animaux de cette classe.

CLASSE 79. — OISEAUX DE BASSE-COUR. (Parc.)

Animaux présentés comme spécimens caractéristiques de l'art de l'éleveur, dans chaque contrée.
Types des poulaillers, des pigeonniers, des faisanderies, etc.
Appareils d'éclosion artificielle.

CLASSE 80. — Chiens de chasse et de garde. (Parc.)

Chiens de berger, chiens de garde.
Chiens de chasse.
Types de chenils et engins de dressage.

CLASSE 81. — Insectes utiles. (Parc.)

Abeilles. Vers à soie et bombyx divers. Cochenilles, insectes producteurs de laque, etc.
Matériel de l'élevage des abeilles et des vers à soie.

**CLASSE 82. — Poissons, crustacés et mollusques.
(Parc.)**

Animaux aquatiques utiles, à l'état vivant.
Aquariums. Matériel de l'élevage des poissons, des mollusques et des sangsues.

**9ᵉ GROUPE. — Produits vivants et spécimens d'éta.
blissements de l'horticulture.**

**CLASSE 83. — Serres et matériel de l'horticulture.
(Parc.)**

Outils du jardinier, du pépiniériste et de l'horticulteur.
Appareils d'arrosement, d'entretien des gazons, etc.
Grandes serres et leurs accessoires. Petites serres d'appartement et de fenêtre. Aquariums pour plantes aquatiques.
Jeux d'eau et autres appareils pour l'ornementation des jardins.

CLASSE 84. — Fleurs et plantes d'ornement. (Parc.)

Espèces de plantes et spécimens de cultures rappelant les types caractéristiques des jardins et des habitations de chaque contrée.

CLASSE 85. — Plantes potagères. (Parc.)

Espèces de plantes et spécimens de cultures rappelant les

types caractéristiques des jardins potagers de chaque contrée.

CLASSE 86. — ARBRES FRUITIERS. (Parc.)

Espèces de plantes et spécimens de cultures rappelant les types caractéristiques des vergers de chaque contrée.

CLASSE 87. — GRAINES ET PLANTS D'ESSENCES FORESTIÈRES. (Parc.)

Espèces de plantes et spécimens de cultures rappelant les procédés de repeuplement des forêts, usités dans chaque pays.

CLASSE 88. — PLANTES DE SERRES. (Parc.)

Spécimens de cultures usitées dans divers pays, en vue de l'agrément ou de l'utilité.

10e GROUPE. — Objets spécialement exposés en vue d'améliorer la condition physique et morale de la population.

CLASSE 89. — MATÉRIEL ET MÉTHODES DE L'ENSEIGNEMENT DES ENFANTS. (Palais, Galerie II ; parc.)

Plans et modèles des bâtiments scolaires. Mobiliers d'école.

Appareils, instruments, modèles, cartes murales conçus en vue de faciliter l'enseignement des enfants. Collections élémentaires propres à l'enseignement des notions scientifiques usuelles. Modèles de dessin. Tableaux et appareils propres à l'enseignement du chant et de la musique.

Appareils et tableaux propres à l'enseignement des aveugles et des sourds-muets.

Livres d'école, atlas, cartes et tableaux.

Publications périodiques et journaux d'éducation.

Travaux d'élèves des deux sexes.

CLASSE 90. — Bibliothèques et matériel de l'enseignement donné aux adultes dans la famille, l'atelier, la commune ou la corporation. (Palais, Galerie II.)

Ouvrages propres à former la bibliothèque usuelle du chef de famille, du chef d'atelier, du cultivateur, de l'instituteur communal, du marin, du naturaliste voyageur, etc.

Almanachs, aide-mémoire et autres publications utiles destinées au colportage.

Matériel des bibliothèques scolaires, communales, etc.

Matériel des cours techniques nécessaires à l'exercice de certaines professions manuelles.

CLASSE 91. — Meubles, vêtements et aliments de toute origine, distingués par les qualités utiles, unies au bon marché. (Palais, Galeries III, IV et VII.)

Collection méthodique d'objets (énumérées aux 3e, 4e et 7e groupes) livrés au commerce par de grandes fabriques ou par des ouvriers chefs de métier, et spécialement recommandés au point de vue d'une bonne économie domestique.

Nota. Le prix et le lieu de vente doivent être indiqués pour chaque objet.

CLASSE 92. — Spécimens des costumes populaires des diverses contrées. (Palais, Galerie IV.)

Collection méthodique de costumes des deux sexes, pour tous les âges et pour les professions les plus caractéristiques de chaque contrée.

Nota. On choisira les costumes qui satisfont le mieux aux convenances du climat ou de la profession, aux exigences du goût particulier de chaque peuple, et qui, à ces divers titres, sont le plus en harmonie, dans chaque contrée, avec la tradition nationale. On exposera autant que possible ces costumes sur des mannequins.

CLASSE 93. — Spécimens d'habitations caractérisés par le bon marché uni aux conditions d'hygiène et de bien-être. (Parc.)

Types d'habitations de famille, propres aux diverses classes de travailleurs de chaque contrée.

Types d'habitations proposées pour les ouvriers des manufactures urbaines ou rurales.

CLASSE 94. — Produits de toute sorte fabriqués par des ouvriers chefs de métier. (Palais et Parc).

Collection méthodique de produits (énumérés aux groupes précédents), fabriqués par des ouvriers travaillant à leur propre compte, soit seuls, soit avec le concours de leur famille ou d'un apprenti, pour le commerce ou pour la consommation domestique.

Nota. On admettra seulement dans cette classe les produits qui se recommandent par leur qualité propre, par la nouveauté ou la perfection des procédés de travail, ou par l'influence utile que ce travail exerce sur la condition physique et morale de la population.

CLASSE 95. — Instruments et procédés de travail, spéciaux aux ouvriers chefs de métier. (Palais, Galerie VI ; Parc.)

Instruments et procédés (énumérés au 6e groupe), employés habituellement par des ouvriers travaillant à leur propre compte, ou spécialement adaptés aux convenances du travail exécuté en famille, au foyer domestique.

Travaux manuels où se manifestent, avec un caractère particulier d'excellence, la dextérité, l'intelligence ou le goût de l'ouvrier.

Travaux manuels qui, par diverses causes, ont le mieux résisté jusqu'à l'époque actuelle, à la concurrence des machines.

TABLEAU RÉCAPITULATIF

DES ÉPOQUES ASSIGNÉES AUX DIVERSES OPÉRATIONS DE L'EXPOSITION.

NATURE DES OPÉRATIONS.	ÉPOQUES ASSIGNEES.
Confection et envoi, par les Commissions étrangères, des plans détaillés d'installation de leur nationaux, à 0m,020 par mètre, et des renseignements destinés au Catalogue officiel............	Avant le 31 janvier 1866.
Achèvement des Constructions du Palais et du Parc.................	Avant le 1er décembre 1806.
Notification aux artistes français de leur admission..................	Avant le 1er janvier 1867.
Achèvement des installations spéciales des exposants dans le Palais et dans le Parc.................	Avant le 15 janvier 1867.
Admission des produits étrangers par les ports et villes frontières désignées à l'article 44 du Règlement général, avec la faculté d'être expédiés dans l'enceinte de l'Exposition, constituée en Entrepôt réel.................	Avant le 6 mars 1867.
Réception et déballage des collis dans l'enceinte de l'Exposition..........	Du 15 janvier au 10 mars 1867.
Arrangement des produits debalés dans les installations qui lenr ont été destinées.................	Du 11 au 28 mars 1867.
Nettoyage général dans toutes les parties du Palais et du Parc.............	Le 29 et le 30 mars 1867.
Révision de l'ensemble de l'Exposition..	Le 31 mars 1867.
Ouverture de l'Exposition.............	Le 1er avril 1867.
Clôture de l'Exposition...............	Le 31 octobre 1867.
Enlèvement des produits et des installations.................	Du 1er au 30 novembre 1867.

Paris.-Imp. PAUL DUPONT, 45, rue de Grenelle-Saint-Honoré.

LA SECONDE ÉDITION

DU

CATALOGUE GÉNÉRAL

DE

L'EXPOSITION UNIVERSELLE

De 1867

EST SOUS PRESSE.

ELLE COMPRENDRA :

I. Un Exposé plus détaillé sur la description et les divisions du Palais de l'Exposition, pouvant servir de **GUIDE** aux visiteurs ;

II. Le Plan du Palais ;

III. La Classification par **GROUPES** et par **CLASSES** des produits de l'Exposition ;

IV. La Liste officielle par classe et par numéro d'ordre des exposants admis par la Commission impériale ;

V. Des Notices complémentaires à la suite de chaque classe, sur les produits qui offriront un caractère d'utilité générale, ou qui présenteront un intérêt hors ligne ;

VI. Des Renseignements généraux et des Annonces diverses.

Cette seconde édition sera le véritable GUIDE ou **Vade-mecum** de l'exposant et du visiteur.

Elle sera tirée à 20,000 exemplaires et vendue chez tous les libraires, dans les kiosques et à tous les abords du Palais de l'Exposition,

A un très-bas prix.